Friedrich Schönborn

**Randglossen zum Entwurfe eines neuen Strafgesetzes**

Friedrich Schönborn

**Randglossen zum Entwurfe eines neuen Strafgesetzes**

ISBN/EAN: 9783743601826

Hergestellt in Europa, USA, Kanada, Australien, Japan

Cover: Foto ©Suzi / pixelio.de

Manufactured and distributed by brebook publishing software
(www.brebook.com)

Friedrich Schönborn

**Randglossen zum Entwurfe eines neuen Strafgesetzes**

# VORWORT.

Die geneigten Leser der nachfolgenden „Randglossen“ muss ich vor Allem darauf aufmerksam machen, dass diese Schrift ursprünglich weder in Broschüren-Form, noch auch unter Nennung des Autoren-Namens veröffentlicht werden sollte. Sie war vielmehr dazu bestimmt, in einzelne Artikel getheilt, in einem Journal zu erscheinen, doch hat die verhältnissmässige, mit dem Raume eines Tagblattes unverträgliche Länge dies vereitelt. Beinahe muss ich fürchten, dass einerseits der trockene Stoff das grössere Lesepublicum abschrecken, andererseits der juristisch gebildete Leser an der journalistisch-polemischen Form Anstand nehmen werde, welche die Schrift in Folge meiner ursprünglichen Absicht erhielt, und welche umzumodeln jetzt, wo die Berathung des Strafgesetz-Entwurfes vor der Thür steht, die Zeit mangelt.

Wenn ich trotz dieser Erkenntniss mich zur Herausgabe entschliesse, so geschieht dies, weil sie die einzige mir offenstehende Möglichkeit gewährt, mich öffentlich über einige Fragen auszusprechen, deren hohe Bedeutung auf der Hand und deren richtige Lösung mir am Herzen liegt. Nicht dieser Lösung will ich mich vermessen, sondern nur indirect dazu beitragen, indem ich Fachmänner auf Einzelnheiten des Entwurfes aufmerksam mache, um zur Discussion anzuregen. —

*

Die fast ausschliesslich negativ-kritische Weise, in der die fraglichen Theile des Motivenberichtes und des Entwurfes besprochen werden, wird getadelt und mir als scheelsüchtige Parteilichkeit angerechnet werden. — Ich erwidere gleich hier darauf, dass der grosse Werth, der manchen Theilen des Entwurfes gewiss innewohnt, meines Lobes wahrlich nicht bedarf; er wird dort, wo darüber · entschieden wird, von geschickten Anwälten in beredter Weise vertreten werden; während eine tadelnde Kritik, wenn auch von unbedeutender Seite ausgehend, immerhin fördernd auf die Discussion einwirken und selbst die Widerlegung unberechtigten Tadels nutzbringend sein kann.

Das Gesagte wird mich wenigstens vor dem Vorwurfe schützen, als liege in der Nennung meines Namens eine Selbstüberschätzung; ich bekenne mich zur Autorschaft deshalb, weil ich die Anonymität für eine unter Umständen begründete Nothwendigkeit, principiell aber für eine Schädigung gesunden publicistischen Lebens halte.

DER VERFASSER.

# I. ALLGEMEINES.

*In medias res!* Der Paragraph 1. des gegenwärtig geltenden Strafgesetzes beginnt mit den Worten: „Zu einem Verbrechen wird böser Vorsatz erfordert."

Der Entwurf eines Strafgesetzes dagegen, der, als Regierungs-Vorlage im Abgeordnetenhause eingebracht, vermuthlich bald der Plenarberathung zugeführt werden dürfte, lautet in seinen an die Spitze des §. 1. gestellten Anfangsworten wie folgt: Handlungen, welche das Strafgesetz mit Staatsgefängniss von mehr als fünf Jahren, mit Zuchthaus oder mit dem Tode bedroht, sind Verbrechen.

Der Unterschied zwischen beiden Texturungen und den ihnen zu Grunde liegenden Gedanken wird auch dem Laien bald klar.

Indem das jetzt geltende Strafgesetz vom J. 1852 den bösen Vorsatz als nothwendige Voraussetzung des Verbrechens angibt, stellt es gleich zu Beginn ein grosses Princip auf und löst die Frage: Was ist Verbrechen? — in principieller Weise. — Der Entwurf hingegen nennt Verbrechen alles dasjenige, was mit einer besonderen Kategorie von Strafen bedroht erscheint, und auf die naheliegende Frage, welche Handlungen solcher Sanction unterliegen, bleibt natürlich nichts übrig, als in casuistischer Weise die einzelnen Delicte aufzuzählen. — Ist dies wirklich ein Fortschritt in legislativer Beziehung? Ich möchte es fast bezweifeln!

Zu grösserer Deutlichkeit sei die Bemerkung gemacht, dass auch der Entwurf eben so gut wie das Gesetz vom

27. Mai 1852 — und wohl wie die meisten modernen Gesetze — die Dreitheilung der Delicte in Verbrechen, Vergehen und Uebertretungen beibehält, dass er aber, sowohl in den citirten Eingangs-Worten, als auch im weitern Contexte, darauf verzichtet, das Verbrechen s a ch l i ch von dem Vergehen zu sondern. Noch deutlicher wird dies durch den §. 53 des Entwurfes, in dem es heisst: „Als Verbrechen und Vergehen „werden nur vorsätzliche Handlungen .... Als Uebertretungen „werden auch fahrlässige Handlungen bestraft, soferne" etc. etc. —; ferner durch Seite 6. des dem Entwurfe beigegebenen Motivenberichtes, wo es in Beziehung auf den Unterschied zwischen Verbrechen und Vergehen wörtlich heisst: „Die Grenz-„linie zwischen diesen beiden Kategorien von strafbaren Hand-„lungen wird daher, wo es sich um Freiheitsstrafen handelt, theils „durch die besonders schwere Qualität der Zuchthausstrafe, theils „durch die längere Dauer der Strafen bestimmt" — endlich durch §. 39 des Motivenberichtes, der ausdrücklich davon spricht , „dass zwischen Verbrechen und Ver-„gehen ein begrifflicher Unterschied nicht be-„steht" — (weshalb dann, wo kein begrifflicher Unterschied besteht, einen gesetzlichen machen?). Und um über die Absicht der Verfasser des Entwurfes gar keinen Zweifel übrig zu lassen, sagt weiter der Motivenbericht im Absatz IX, S. 46: „Hebt der Entwurf das regelmässige Erforderniss des · Vor-„satzes ausdrücklich hervor, so verzichtet er nach dem Bei-„spiele fast aller neuen Gesetze darauf, die Lehre vom Vor-„satze durch Aufstellung von Begriffsbestimmungen und Ein-„theilungen doctrinär zu behandeln. — Es wurde aus den bis-„her gemachten Erfahrungen die Lehre gezogen, dass solche „Aufstellungen in positiven Gesetzen z B. jene im Strafgesetze „vom 27. Mai 1852 (§§. 1 und 238) für die praktische Hand-„habung keinen Vortheil bieten." — Resumiren wir: unser gegenwärtiges Strafgesetzbezeichnet den bösen Vorsatz als Charakteristikon des Verbrechens, und sagt zu dem Delinquenten:

Weil du aus bösem Vorsatze die oder jene strafbare Handlung begangen hast, so hast du damit ein Verbrechen begangen und wirst zu dieser oder jener Strafe verurtheilt. — Der Entwurf sagt hingegen demselben Delinquenten : Weil Du diese oder jene Handlung vorsätzlich (nicht aus „bösem" Vorsatze!) begangen hast, und ich dich hiefür zu dieser oder jener Strafe verurtheile, bist du ein Verbrecher. —

Die Strafe wird also gewissermassen zu einer *causa subsequens* des Verbrechens gemacht, und eigensinnige Leute könnten beinahe behaupten, dass dem Entwurfe zufolge letzteres erst entsteht, wenn das Urtheil rechtskräftig geworden ist, — denn allerdings sagt der Motivenbericht ausdrücklich (S. 6.), dass nicht die im concreten Falle verhängte, sondern die angedrohte Strafe für den Charakter des Delictes massgebend sei, ob aber die Strafdrohung überhaupt in diesem Falle gerechtfertigt, kann jedoch nur das rechtskräftige Urtheil entscheiden.

Dichter pflegen in juristischen Dingen nicht eben competent zu sein; dennoch möchten wir der Auffassung des Entwurfes gegenüber die Worte des französischen Dramatikers citiren : *Le crime fait la honte, et non l'échafaud.*" — Wenn schon nach diesen berühmten Dichterworten das Schaffot als solches dem Verurtheilten nicht einmal Schande bringen kann, so kann ihm die Todesstrafe, die Zuchthausstrafe u. s. w. noch weniger den Stempel des Verbrechens aufdrücken, kann ihn nicht zum Verbrecher machen, letzteres kann nur der frevelhafte Wille des Thäters selbst — also „böser Vorsatz" des §. 1. des Gesetzes vom 27. Mai 1852. — Man werfe mir nicht vor, dass dies müssige Haarspaltereien seien, indem ja der Entwurf ebenfalls die Strafbarkeit auf vorsätzliche Handlungen beschränkt! — Ich brauche nicht einmal darauf hinzuweisen, dass auch schon im römischen Rechte nicht nur von *dolus*, sondern auch von der *malitia* als einem besonders hohen Grade von bösem Willen die Rede ist, der sogar zur ausnahmsweisen Bestrafung von Unmündigen führen konnte. Ich brauche nicht auf den sehr analogen, von der christlichen Moral aufgestellten Unterschied zwischen lässlichen — immerhin auch vorsätzlichen — und schweren oder Todsünden, auf analoge, von den meisten Moralisten und Juristen gemachte Distinctionen hinzuweisen. Allein wiederholt müssen wir uns erinnern, dass der Entwurf selbst den Unterschied zwischen Verbrechen und Vergehen kennt und ihn in s e i n e r W e i s e zu markiren strebt: weshalb aber, fragen wir nochmals, d i e s e Weise? Das charakteristische Merkmal des Verbrechens liegt in dem besonders hohen Grade des Widerspruches, in welchen sich der Wille des Thäters dem Gesetze gegenüber versetzt; und dies hätte ich gerne im neuen Strafgesetze ausgedrückt gesehen, sowie es in allen jetzigen der Fall ist. — Freilich aber sehen wir in dem Entwurfe und dem ihn begleitenden Motivenberichte legislative Principien und Motive zur Geltung gelangen, die wir in Oesterreich bisher nicht kannten — und hievon in der Folge.

* * *

## Allgemeines (Fortsetzung).

Ein Motiv, welches in dem Entwurfe, d. h. in dem Motivenberichte zu demselben, besonders stark hervortritt, besonders häufig zur Geltung gelangt, ist die Rücksicht auf ausländische, insbesondere auf d e u t s c h e G e s e t z g e b u n g. Ich will gar nicht all die einzelnen Fälle aufzählen, in denen der Motivenbericht mit offenbarer Genugthuung die Uebereinstimmung mit dem geltenden deutschen Strafrechte hervorhebt (so S. 6, 10, 26, 55 etc. etc.): wichtiger und bedenklicher scheint mir der Umstand, dass dem Berichte zufolge die Commission die bestimmte Absicht gehegt hat, diese Uebereinstimmung nicht nur aus sachlichen Gründen, sondern hauptsächlich der Conformität halber, also um ihrer selbst willen, herbeizuführen. Die S. 4 befindliche Stelle des Motiven-

berichtes lautet wörtlich: „Für den Fall der beantragten voll-
„ständigen Umarbeitung des früheren Entwurfes glaubte die
„Commission sich sowohl hinsichtlich der technischen Be-
„handlung und der Grundlage als des Strafensystems, für
„eine möglichst weitgehende Annäherung an das neue deutsche
„Strafgesetz aussprechen zu müssen, weil — abgesehen von
„der schon in den Motiven der Regierungsvorlage vom Jahre
„1867 besonders hervorgehobenen hohen Bedeutung, welche
„deutsche Legislation und Rechtswissenschaft für Oesterreich
„seit Jahrhunderten gehabt hat — das bezeichnete Gesetz
„durch seine vielfache Uebereinstimmung mit dem französischen,
„belgischen und italienischen Strafgesetze ganz geeignet er-
„scheint, die Grundlage für die Herstellung eines in den
„Hauptpunkten übereinstimmenden Strafrechtes der civilisirten
„Staaten vorzubereiten. — Dass hiebei auf die eigenthümlichen
„staatsrechtlichen territorialen und ethnographischen Verhält-
„nisse, sowie auf das seit lange bestehende Strafrecht Oester-
„reichs — namentlich im besonderen Theile des Gesetzes —
„unausgesetzt und sorgfältig Bedacht genommen werden müsse,
„wurde als selbstverständlich betrachtet."

Ich gestehe, dass der Schlusspassus dieser Stelle den
üblen Eindruck, den ihr Anfang auf mich macht, keineswegs
verwischen kann. — Ich bin nun einmal pedantisch genug,
um zu wünschen, dass im Texte eines officiellen Actenstückes,
wie das vorliegende, z u e r s t von den „eigenthümlichen staatsrechtlichen territorialen und ethnographischen Verhältnissen
Oesterreichs" — u n d d a n n e r s t von der wünschenswerthen
Conformität des künftigen Gesetzes mit deutscher, französischer
etc. Legislation die Rede sein möge. — Man braucht noch
lange kein blinder Chauvinist zu sein, wenn man den Wunsch
ausspricht, der Oesterreicher möge seine Weisheit nicht immer
aus fremden Rathsstuben holen, sondern, wie er es in ver-
gangenen Zeiten gethan hat, auch in legislatorischer Beziehung
auf eigenen Füssen stehen, eigener Initiative vertrauen! —

Es ist eine alte Geschichte, die sich immer und immer wiederholt; bereits zu Beginn der Befreiungskriege hat ein berühmter
Dichter die Worte gesungen: „Auf, gewaltiges Oesterreich,
vorwärts, thu's den Andern gleich" — obwohl Oesterreich es
den „Andern" längst zuvorgethan hatte, obwohl Oesterreich
zu einer Zeit, als halb Europa napoleonisch war und die
andere Hälfte unthätig blieb, allein den Kampf mit dem
übermächtigen Frankreich aufgenommen hatte, und obwohl
die österreichische Armee die einzige war, die sich bis dahin
eines grossen Sieges über das Heer des grossen Soldaten-
kaisers rühmen konnte. — Letzterer selbst hat seine Achtung
vor dem Feldherrntalente eines Erzherzog Karl Ausdruck gegeben, und ihn zu den Wenigen gezählt, die er seiner Gegnerschaft würdig hielt; und ebenso hat er auf diplomatischem
Gebiete kaum Jemanden mehr respectirt, als den vielgeschmähten
Staatskanzler Metternich.

Dies hinderte aber Historiker vom Schlage der Sybel
und Häusser keineswegs, das österreichische Verdienst in den
napoleonischen Kriegen stets und überall herabzusetzen — und
was noch weit schlimmer, die Oesterreicher glauben
ihnen — die Oesterreicher glauben höchstens, dass sie
es „den Andern gleich" thun können, wie auf diesem, so auf
andern Gebieten glauben die Oesterreicher höchstens an ihren
Beruf, das Ausland zu copiren, das Selbstvertrauen
fehlt bei uns!

Ich habe mir diese kleine Digression auf historisches
Gebiet erlaubt, weil mir das Dichterwort: „Vorwärts, thu's
den Andern gleich" — typisch zu sein scheint für die Auffassung, die den ganzen Entwurf durchweht, und die nach
den „Allgemeinen Bemerkungen" zu schliessen, wirklich massgebend war. — Mir scheint die Uebereinstimmung mit andern
Gesetzgebungen ein Motiv zu sein, welches *caeteris paribus*
allenfalls mit in die Wagschale gelegt werden darf; allein es
scheint unverständlich, weshalb die Commission sich einerseits

so sehr für die „möglichst weitgehende" Annäherung an das neue Strafgesetz begeistert, und manche ihrer Aussprüche einfach aus letzterem adoptirt, anderseits in vielen Fällen sich im Motivenbericht gegen die Bestimmungen dieses Gesetzes ausspricht. — Dass eine Autorität intermittirend wirken könne, wie etwa ein Wechselfieber, war mir bisher unbekannt; wenn ohne eingehende Motivirung rücksichtlich der technischen Behandlung, der Grundanlage und des Strafensystems eine möglichst weitgehende Annäherung an das neue deutsche „Strafgesetz" beliebt wurde — weshalb dann nicht einfach zur Reception des gesammten deutschen Strafrechtes schreiten? Bei der hohen Werthschätzung, um nicht zu sagen Devotion, welche die Commission deutschem Criminal-Recht entgegenbringt, wäre ein solcher Act kaum zu verwundern! — Das soeben ausgesprochene Bedauern darüber, dass im vorliegenden Entwurfe und Motivenberichte allzuviel Anlehnung an Fremdes und allzuwenig selbständige Initiative sich zeigen, scheint umsomehr gerechtfertigt, wenn man bedenkt, dass es bei uns an tüchtigen juristischen Kräften — sowohl im Lehrfache als in der Praxis — gewiss nicht mangelt. Ich hege wahrlich nicht die Absicht, meine principielle Gegnerschaft gegen die Politik der jetzigen Regierung zu verhehlen; um so unbedenklicher darf ich daher, ohne mich dem Verdachte parteiischer Lobhudelei auszusetzen, meine Achtung vor dem Wissen und der juristischen Begabung des jetzigen Hrn. Justizministers Ausdruck geben. — Diese persönlichen Eigenschaften hätten vielleicht zu der Hoffnung berechtigt, dass ihr Träger sich an die Spitze eines Unternehmens stellen werde, welches zu einem andern Resultate führen könnte, als der vorliegende Entwurf — der, bei manchen unläugbaren Vorzügen, sich doch eine allzubescheidene Aufgabe gestellt hat, wenn er ängstlich dahin strebt, in Uebereinstimmung zu bleiben — mit der „Grundlage für die Herstellung eines in den Hauptpunkten über-„einstimmenden Strafrechts der civilisirten Staaten." — Die

Umstände, unter denen das deutsche Strafgesetz berathen und beschlossen wurde, die rechtlichen Zustände überhaupt, in denen sich das Land des Culturkampfes dermalen befindet, scheinen mir nicht besonders darnach angethan, um gerade jetzt in Deutschland den Musterschnitt zu einer legislativen Uniformirung der „civilisirten Staaten" zu finden — selbst wenn diese Uebereinstimmung in der Strafgesetzgebung wirklich von unbedingtem Vortheile begleitet wäre, was ich durchaus nicht annehmen könnte!

\* \* \*

## Allgemeines (Fortsetzung).

Ich kann mich ferner nicht damit einverstanden erklären, dass die Commission sich von dem in der Regierungsvorlage vom J. 1867 und den sie behandelnden Referaten des Abgeordnetenhauses vom J. 69 und 70 eingeschlagenen Wege entfernt und es abgelehnt hat, an die Berathung eines Polizeistrafgesetzes zu gehen. — In den erwähnten Vorarbeiten waren, wie der Motivenbericht mittheilt, „nur einige wenige Uebertretungen „(hauptsächlich jene, welche sich, wie der Diebstahl, die Ver„untreuung und der Betrug als mildere Formen der betreffenden „Verbrechensarten darstellten) als Vergehen aufgenommen, die „übrigen aber in ein zu erlassendes Polizeistrafgesetz verwiesen, „bis zu dessen Zustandekommen die bezüglichen Bestimmungen „des Strafgesetzes noch in Kraft bleiben sollten." — Der Motivenbericht sagt nun weiter, dass schon in jenem Stadium der Vorarbeiten man sich überzeugte, „dass eine nur einiger„massen vollständige Codificirung der polizeistrafrechtlichen „Normen undurchführbar sei, und zwar nicht so sehr wegen „des kaum übersehbaren Umfanges, als wegen der Veränder„lichkeit ihres Inhaltes und der Verschiedenartigkeit derselben „in den einzelnen Gebieten und Orten." — Es wird ferner darauf hingewiesen, dass der Entwurf eines Polizeistrafgesetzes, der auf diese Weise zu Stande kam, in seinem besonderen Theile daher nur eine verhältnissmässig geringe Anzahl von positiven Strafbestimmungen umfasse; dass es nicht gerathen scheine, „dieses wichtige Gebiet des materiellen Strafrechts „aus dem Zusammenhange mit dem allgemeinen Strafgesetze „zu reissen, .... zumal die betreffenden Bestimmungen „vielfach eine Ergänzung des besonderen Theils von den „Verbrechen und Vergehen bilden, wie z. B. jene über die „Nachmachung von Geld und Creditpapieren ohne die zum „Verbrechen erforderliche Absicht“ etc. etc., und endlich wird der in finanzieller Beziehung existirenden Schwierigkeit gedacht, eigene Polizeirichter zu bestellen, „daher jedenfalls die wichtigen „Uebertretungen doch den Bezirksgerichten zugewiesen werden „müssten, für welche es gewiss in hohem Grade wünschenswerth „ist, die allgemeinen und besonderen Bestimmungen hinsichtlich „der zu ihrer Competenz gehörigen strafbaren Handlungen in „Einem Gesetze vereinigt zu finden.“

Nach dieser langen, aber zum Verständnisse nothwendigen Citatenreihe sei es gestattet, in einigen Worten meine unmassgebliche Meinung über diese Frage darzulegen.

Vor allem sei darauf hingewiesen, dass die Commission selbst rücksichtlich der polizeistrafrechtlichen Normen die „Veränderlichkeit des Inhalts und die Verschiedenartigkeit derselben in den einzelnen Gebieten und Orten“ anerkennt. Hierin schon — ganz abgesehen von staatsrechtlichen Rücksichten — liegt die zweckmässigste Lösung der betreffenden Frage angedeutet. Eine möglichst weitgehende Autonomie der Landtage — vielleicht sogar einzelner grosser Gemeinden — ist dasjenige, was wir aus praktischen Rücksichten für das Richtige halten sollten, wenn wir die eigenen Worte der Commission hören. Wo eine so grosse, nach diesem Ausspruche der Commission unvermeidliche Verschiedenheit besteht, pflegen sich Uniformirungs-

Versuche selbst zu strafen, und wir können es nur anerkennen, dass die Commission solche Versuche von sich weist. — Allein die Folgerungen, welche die Commission aus der Unmöglichkeit oder Schwierigkeit einer Codificirung gezogen hat, scheinen mir zu weit zu gehen. — Eine nicht codificirte Sammlung jener „strafrechtlichen Normen", welche allgemeine Geltung in allen Ländern besitzen, oder doch nur ausnahmsweise an einzelnen Orten nicht gelten — eine solche Sammlung könnte nach meiner bescheidenen Ansicht immerhin, zweckmässig nach Materien geordnet, von Nutzen sein, sie würde ein Hilfsmittel bilden können, ohne deshalb ein abgeschlossenes Ganze zu bilden, ohne Anspruch auf Vollständigkeit zu erheben. — Ohne jedoch hierauf allzugrosses Gewicht zu legen, muss ich umsomehr meine Bedenken darüber äussern, dass die Commission den Kreis der Competenz des Strafrechtes allzuweit gezogen, und der Judicatur des letztern eine Menge von Delicten zugewiesen hat, die offenbar vor das Forum der Polizei gehören. — Wir werden in dem besondern Theile dieser Bemerkungen auf einige Details in dieser Beziehung kommen, und uns wohl ab und zu die ernste Frage stellen müssen, ob da, wo der Entwurf die Hilfe des Strafrichters anruft, ü b e r - h a u p t   i r g e n d   e i n   D e l i c t  vorliegt?. Für jetzt nur die Bemerkung, dass die auf diese Weise drohende Ueberbürdung der Bezirksgerichte mir sehr bedenklich erscheinen will! Lassen wir es dahingestellt, ob die von dem Motivenberichte aus finanziellen Gründen perhorrescirte Creirung von Polizeirichter-stellen wirklich unmöglich, und ob die Vortheile einer solchen Institution nicht eines Opfers werth wären. — Allein die Commission selbst spricht von „wichtigen Uebertretungen" — und reclamirt diese speciell für die Bezirksgerichte, sie erkennt also damit *ipso facto* die Existenz von „minder wichtigen" an, die durch die Polizei gestraft werden könnten. — Die Sache hat auch eine moralische Seite; man ist einmal gewohnt, einer Verurtheilung durch das Strafgericht mehr Wichtigkeit beizu-

messen, der durch sie Betroffene wird sich an seiner bürgerlichen
Ehre mehr gekränkt fühlen, als wenn *brevi manu* die Polizei strafend
eingeschritten ist. Letztere hat für Aufrechterhaltung der äussern
O r d n u n g zu sorgen, während die Justiz die Verletzung des
G e s e t z e s im engen, eigentlichen Sinne zu strafen hat. Beide
Gebilde sind meiner Ansicht nach schärfer zu scheiden, als der
Entwurf es thut; besonders aber wäre es zu wünschen, dass
Jene, die es nicht wirklich verdienen, der Schmach einer straf-
gerichtlichen Verurtheilung nicht unterzogen werden!

Ich schliesse diese Bemerkungen a l l g e m e i n e n Charakters, die nur ganz aphoristisch gehalten, lediglich den Zweck
haben Berufene zum Studium des Entwurfes anzuregen, mit dem
Hinweis auf einen für den Charakter der Commissions-Arbeit
bezeichnenden Umstand. — Jener raisonnirende Geleitschein,
den die Commission unter dem Titel: „Allgemeine Bemerkungen" dem Entwurfe mit auf den Weg gegeben hat, und
den wir als „Motivenbericht" zu bezeichnen uns erlauben,
weil er doch wohl die Stelle eines solchen vertritt — jener
Geleitschein steht zuweilen mit der Begründung und w i s s e n-
s c h a f t l i c h e n Darlegung seiner eigenen Aufstellungen auf demselben Fusse, wie etwa zwei Leute, die einander schon von
Weitem höflichst grüssen, um nicht in nähere Berührung zu
kommen.

Allerdings bezieht sich der Motivenbericht rücksichtlich
der Motivirung der aus den frühern Entwürfen herübergenom-
menen Dinge auf die „ausführlichen frühern Motivenberichte";
und soll nur die Abweichungen von den frühern Vorlagen begründen. — Allein diese Begründung scheint an manchen
Stellen etwas karg zugemessen, besonders wenn man bedenkt,
dass sich die Commission einstimmig entschieden hatte, eine
„vollständige Umarbeitung auf neuer Basis" — (allg. Bemerkungen S. 2) vorzunehmen! Es scheint mir, dass der Augenblick,
in dem eine Regierung mit einer Vorlage von so gewaltiger
Tragweite vor die Legislative tritt, wohl darnach angethan

ist, die Vornahme wichtiger Neuerungen, die Beibehaltung viel-
bestrittener Grundsätze und Bestimmungen in ausführlicherer
Weise zu begründen, als es im Motivenberichte der Fall ist.
Bei wichtigen Capiteln vermissen wir schmerzlich die Darlegung des wissenschaftlichen Standpunktes, auf dem die
Commission steht. Wenn z. B. im Entwurfe (wie bereits
erwähnt) darauf verzichtet wird, „die Lehre vom Vorsatze
doctrinär zu behandeln“ — wenn dieses „Gebiet der Doctrin
überlassen werden“ muss — so wäre dem gegenüber erstens
zu bemerken, dass schwerlich jeder einzelne Richter das Gebiet
der Doctrin hinlänglich beherrscht, um sich aus ihr Rath zu
erholen.

Es scheint mir ferner, dass die in dieser Beziehung vor-
geschlagene, im Eingange dieser Randglossen besprochene
Neuerung wichtig genug wäre, um sie ausführlicher zu begründen, als dies im Motivenberichte geschieht, der dieser Begründung *nello* 9 Zeilen widmet! (S. 46.) Aehnliches habe
ich in Bezug auf jene Stelle zu bemerken, die im Motivenberichte von der Todesstrafe handelt, und mit den Worten
beginnt: „Es kann hier nicht der Ort sein, das Für und Wider
„in dem grossen und seit so langer Zeit geführten Kampfe
„der Meinungen über die Todesstrafe neuerdings zu erörtern.“
— Ich selbst kann mich nur damit einverstanden erklären,
dass Entwurf und Motivenbericht die Todesstrafe beibehalten
wollen; allein da nun einmal die Meinungen über dieses
Thema getheilt sind, da nun einmal mit Sicherheit anzunehmen
ist, dass, wie das letzte Mal, auch diesmal wieder bei der
Berathung dieser Angelegenheit im Reichsrathe zahlreiche
Stimmen sich für die Aufhebung aussprechen werden, so wäre
vielleicht gerade hier der Ort gewesen, die principielle Seite
der Frage zu erörtern; wollte man aber dieser principiellen
Erörterung etwa im Hinblicke auf frühere Berichte aus dem Wege
gehen, so hätte wohl auch die abermalige Berufung auf die
Gesetzgebung des deutschen Reiches und Italiens, welche der

Motivenbericht zu Gunsten der Todesstrafe anführt, auch unterbleiben können; — dieses Motiv kann bei einer Frage von so gewaltigem Ernste doch nur als ein sehr nebensächliches betrachtet werden! — Ein Eingehen auf die mehr innern Motive der Frage ist, wie gesagt, nicht beliebt worden; dagegen hat die Commission mit grosser Sorgfalt statistische Daten über die binnen einer längeren Reihe von Jahren gefällten Todesurtheile, über die Fälle, in denen Hinrichtungen vollzogen oder Begnadigungen ertheilt wurden etc., gesammelt und mit vielem Scharfsinn dazu benützt, um die im Entwurfe in Bezug auf die Todesstrafe vorgeschlagenen Aenderungen zu motiviren; wir werden diese Aenderungen gleich zu Anfang des besonderen Theiles unserer Randglossen besprechen, weil mancher derselben principielle Wichtigkeit zukommt.

# II. SPECIELLES.

Es liegt im Geiste der Zeit, und war gar nicht anders zu erwarten, dass der Entwurf die Androhung der Todesstrafe um ein Bedeutendes einschränkt. Ich sage ausdrücklich: die Androhung, und nicht: die Anwendung, denn letztere hat allerdings, wie der Motivenbericht mit Recht hervorhebt, seit einer langen Reihe von Jahren nur selten stattgefunden, besonders selten, wenn man die Zahl der in dieser Zeitperiode gefällten — mit den factisch vollzogenen Todesurtheilen vergleicht. Wir erfahren aus dieser vergleichenden Zusammenstellung, aus der ich im Nachstehenden nur eine allgemeine Summe wiedergebe, dass vom 1. Jänner 1853 bis Ende des Jahres 1873, also innerhalb 21 Jahren, in den „im Reichsrathe vertretenen Ländern" — 901 Todesurtheile gefällt, und 105 vollzogen worden sind. Es fällt also, wie der Motivenbericht hervorhebt, eine Vollstreckung auf je $8^{61}/_{105}$ Urtheile; und ich kann der Commission nicht ganz Unrecht geben, wenn sie dies „im Missverhältniss zwischen dem Buchstaben des Gesetzes und seiner Anwendung" nennt. Die Commission hat demnach im Entwurfe die Androhung der Todesstrafe auf einige Fälle des Hochverrathes (§. 89 Z. 1) und auf einige Fälle des Mordes (§. 223) eingeschränkt, alle andern, durch das bisher geltende Gesetz mit dem Tode bedrohten Verbrechen sollen fortan theils mit lebenslanger, theils mit zeitlicher Zuchthaus- oder Gefängnissstrafe bestraft werden.

Offenbar wurde die Commission, ausser durch das, was man jetzt „humane Rücksichten" zu nennen pflegt, noch durch

den ihr eigenen Respect vor fremdem Beispiele zu diesen
Einschränkungen veranlasst; wohl aber trat noch die Erwägung
hinzu, dass das vorhin erwähnte „Missverhältniss zwischen
Buchstaben und Ausführung des Gesetzes" im engeren Zusammenhange steht mit der häufigen Ausübung eines der
schönsten Rechte der Krone, des Begnadigungsrechtes, eines
Rechtes, das sich jeder Einschränkung, selbst jeder Discussion
naturgemäss entziehen muss. — Ich kann mich mit den
Consequenzen, welche die Commission aus ihren, zum Theile
unzweifelhaft richtigen Vordersätzen gezogen hat, nicht durch-
wegs einverstanden erklären; — ja ich bekenne offen, dass
ich ein noch so offenbares Missverhältniss zwischen Buchstaben und Anwendung des Gesetzes bei weitem einem
Missverhältniss zwischen Verbrechen und Strafdrohung vorziehen muss; dass aber letzteres durch
Annahme mancher Bestimmungen des Entwurfes geschaffen
würde, will ich nachstehends zu zeigen trachten.

Unser jetziges Strafgesetz behandelt die vorsätzliche
Tödtung eines Menschen überhaupt als Mord und bedroht
diesen mit dem Tode. Der Entwurf scheidet dagegen aus
dem Begriffskreise des Mordes die zwar vorsätzliche, allein
in derselben heftigen Gemüthsbewegung vorgesetzte und aus-
geführte Tödtung als Todtschlag aus (§. 224). Viel wichtiger
noch ist es, dass nach dem Entwurfe der Mord als
solcher nicht mehr mit dem Tode bestraft werden
soll, sondern nur einige besonders qualificirte
Fälle des Mordes. — Diese Fälle sind Elternmord, mehr-
facher oder wiederholter Mord, eine zur Zeit der That wegen
vollbrachten oder versuchten Mordes bereits erfolgte Verurtheilung, eine zur selben Zeit bereits erfolgte Verurtheilung
(wegen einer andern Handlung) zu lebenslänglicher Freiheitsstrafe, ferner die Qualification einer besonderen Grausamkeit
und besonderer mit dem Morde für das Opfer verbundener
Qualen, und endlich die Verübung des Mordes durch eine

Person, „welche sich mit einer oder mehreren andern zu
„fortgesetzter Begehung von Raub, Diebstahl, Sachbeschädigung
und Brandlegung verbunden hat," wenn er um dieser Ver-
bindung willen begangen wurde.

Ich kann die schweren Bedenken nicht verhehlen, die
in mir aufsteigen, wenn ich sehe, dass die Androhung der
Todesstrafe auf die wenigen citirten Fälle eingeschränkt
werden soll — für alle übrigen Fälle aber, also für die
ungeheure Mehrzahl, für eine Combination von Möglichkeiten,
von Eventualitäten schauerlichster Art, der Entwurf dem
Mörder die Worte des Landvogtes im „Tell" zuzurufen scheint :
„Was es auch sei, das Leben sichre ich Dir!" ·

Dass vor Allem der Elternmord als besonders schweres
Verbrechen mit dem Tode zu strafen sei, darin kann ich der
Commission nur beistimmen. Allein warum im Falle der Ermordung
von Blutsverwandten die Todesstrafe ausdrücklich, wie noch der
Motivenbericht S. 16 hervorhebt, auf den Elternmord im
engsten Sinne beschränken (Ermordung des leiblichen
Vaters und der leiblichen Mutter); ist nicht der Mord, begangen
zwischen Ascendenten und Descendenten überhaupt, ist nicht
der Mord begangen unter Geschwistern, ist nicht der Gattenmord ein mindestens ebenso todeswürdiges Verbrechen, als
etwa der „wegen seiner besondern Gefährlichkeit" von der
Commission mit dem Tode bedrohte, vom Mitgliede einer
Diebsbande begangene Mord? — Der Motivenbericht ist hier
besonders unglücklich; indem er selbst den Elternmord wegen
der „Verletzung der heiligsten Gebote des Sittengesetzes,"
wegen des „Zerreissens der natürlichen Bande
„zwischen Eltern und Kindern" als das schwerste
und deshalb als das todeswürdigste Verbrechen bezeichnet,
drängt er jedem Leser die Frage auf die Lippen, ob die
Eltern, die ihre Kinder umbringen, etwas Anderes
thun, als dieses natürliche Band zu zerreissen? — (Das, was
man im engeren Sinne „Kindesmord" nennt, könnte immer

gesondert behandelt werden.) Besondere Anfmerksamkeit aber verdient die Stelle, an der der Motivenbericht es zu begründen sucht, dass der Gattenmord künftighin nicht mit dem Tode zu strafen sei. — Ich citire diese Stelle ihrer principiellen Wichtigkeit halber wörtlich: „Der Gattenmord entfiel, weil der „Verletzung jener besondern Pflichten, welche das Eheband „den Gatten auferlegt, die gleiche Bedeutung nicht beigemessen „werden kann, wie jener beim Elternmorde, und weil gerade „das eheliche Verhältniss, b e s o n d e r s wo es untrennbar, „mehr als jedes andere geeignet ist, bei vor-„kommenden Zerwürfnissen die entstehende Ab-„neigung bis ins Unerträgliche zu steigern. (!) — Dass in der Hitze des Wortgefechtes, wenn die Debatte sich etwa um die Trennbarkeit der Ehe dreht, den Lippen eines liberalen Parteiredners eine derartige Aeusserung entschlüpfe, hätte ich für möglich gehalten; — dass aber ein solches Argument in den Motiven einer Regierungsvorlage, in der ernsten Arbeit juristischer Sommitäten vorkommt, ist ein — ich will pressgesetzlich bleiben — ein beachtenswerthes Zeichen der Zeit. Ich empfehle diesen Paragraph, und diese Stelle des Motivenberichtes der Aufmerksamkeit der conservativen Mitglieder des Abgeordneten- sowie des Herrenhauses. Meinen Gesinnungs-Genossen gegenüber glaube ich mich auf eine Widerlegung der der citirten Stelle zu Grunde liegenden Anschauungen kaum einlassen zu sollen; — ich beschränke mich auf eine kurze Bemerkung: Wenn man überhaupt eine „bis ins Unerträgliche gesteigerte Abneigung" — also eine Art moralischer Zwangslage — annehmen will, so könnte das Resultat, die Folge einer solchen „Unerträglichkeit" *sit venia verbo*, die von Staat und Kirche gestattete Scheidung oder die ohne Scheidung stillschweigend sich vollziehende Entfremdung der Ehegatten sein. Solche sind auch in der Regel die Folgen, welche eintreten — zum Gattenmorde wird es doch Gott sei Dank, in den seltensten Fällen kommen. Ist es aber

dazu gekommen, so wolle man nicht nur die, ebenfalls in den
minder häufigen Fällen vorkommende „Unerträglichkeit" —
(die meistens Unverträglichkeit heissen sollte) — in
Rechnung bringen, sondern auch das feierliche, freiwillige, vor
Gott und Menschen abgegebene Versprechen der Treue, der
Liebe und der gegenseitigen Unterstützung; sage ich zu viel,
wenn ich in der Nachwirkung dieser Gelöbnisse einen gegen
den Gattenmörder zeugenden erschwerenden Umstand
erblicke?

\*  \*  \*

## Specielles (Fortsetzung).

Bei dem Versuche, die im Entwurfe vorgeschlagenen
Milderungen zu rechtfertigen, scheint überhaupt ein Unglücks-
stern in das Berathungszimmer der Commission hineingeleuchtet
zu haben. — Ueber jene Fälle des Hochverrathes, die als
todeswürdig erscheinen und behandelt werden sollen, sagt
der Motivenbericht, der Ausschussentwurf vom J. 1870 habe
(das Gesetz vom J. 1852 mildernd) jede Verletzung des Kaisers
an Körper und Gesundheit, die thätliche Beleidigung oder
gefährliche Bedrohung desselben, die Hinderung an der Besitz-
nahme oder Ausübung seiner Regierungsgewalt und jede son-
stige Beschränkung im Gebrauche seiner persönlichen Freiheit
als Hochverrath erklärt und auf alle diese Handlungen, sowie
auf den blossen Versuch, die Vorbereitung und Verabredung
derselben als Strafe den Tod gesetzt. — „Der vorliegende
„Entwurf" — sagt der Motivenbericht — „geht in dieser Be-
„ziehung noch etwas weiter. Nach §. 89 soll nämlich nur die
„Verletzung des Kaisers an Körper oder Gesundheit, die
„Beraubung seiner persönlichen Freiheit und der Angriff auf sein
„Leben mit dem Tode, alle anderen hochverrätherischen Hand-
„lungen sollen nur mit Zuchthaus oder Staatsgefängniss be-

„straft werden. Der Entwurf war hiebei von der Ansicht ge-
„leitet, dass zwar die im monarchischen Principe liegende
„und durch die Verfassung gewährleistete Heiligkeit und Un-
„verletzlichkeit der Person des Monarchen auch im Strafgesetze
„den gebührenden Ausdruck finden und jeder Angriff auf
„dieselbe den schwersten Strafen unterliegen müsse, dass
„aber das gegenwärtig überall und nach allen
Richtungen hervortretende Bestreben nach einer
„stetig fortschreitenden Milderung der Straf-
„bestimmungen überhaupt und der Todesstrafe
„insbesondere auch bei diesen Verbrechen nicht
„unbeachtet bleiben dürfte, dass eine Unter-
„scheidung zwischen den schweren und leichten Fällen
„auch hier bei der Strafdrohung ihren Ausdruck zu finden
„habe, bei den leichten aber in längeren Freiheitsstrafen eine
„hinreichende Strafsanction umsomehr gefunden werden könne,
„als glücklicherweise das dynastische Gefühl bei
„allen Volksstämmen Oesterreichs ein so leben-
„diges ist, dass Handlungen der in Rede stehenden
„Art zu einem beinahe undenkbaren Vorkommen
gehören." —

Ich bin gewiss der Letzte, den erwähnten Volksstämmen die
oft erprobte Loyalität und Unterthanentreue zu bestreiten; allein
ich vermag die Logik nicht zu fassen, nach welcher ein ausdrücklich als „leichtes" bezeichnetes Verbrechen als ein
„beinahe undenkbares" gelten soll, während gegen das
schwerere, welches doch noch weniger „denkbar"
sein kann, nur in der strengsten Strafe eine genü-
gende Cautel gefunden zu werden scheint. — Auch jene
Stelle müssen wir kurz berühren, wonach in dem gegenwärtig
überall und nach allen Richtungen hervortretenden Streben
nach einer „stetig fortschreitenden" Milderung der Strafbestimmungen der Grund für die Ermässigung der jetzt geltenden Strafsätze liegen soll. — Wenn wirklich „stetig" fort-

geschritten werden soll, wenn es wirklich die Aufgabe jeder Legislation ist, „nach allen Richtungen zu mildern" — so möchte ich die Grenzlinie kennen, an der einmal ein Stillstand eintritt, damit nicht etwa unsere Enkel den Mord mit 2-stündigem Zimmerarrest oder den Einbruch-Diebstahl mit einer gezwungenen Promenade auf der Ringstrasse bestrafen!

Es scheint mir, dass die Commission, geschreckt durch die „weite unübersteigliche Kluft", die zwischen der Todes- und jeder andern Strafe liegt (S. 17 des Motivenberichts) — durchdrungen vielleicht auch von der Ueberzeugung von der Verwerflichkeit der Abschreckungs-Theorie — in der Einschränkung der Todesstrafe allzuweit geht. Kein Vernünftiger wird unnöthigen Hinrichtungen das Wort reden, und der r e i n e n Abschreckungs-Theorie einen Panegyricus zu halten, kann mir nicht beifallen. — Aber n e b e n  a n d e r e n  Z w e c k e n soll eine vernünftig dictirte Strafe  a u c h  den der A b-s c h r e c k u n g erfüllen, und die Commission selbst trägt gerade bei dem Capitel der Todesstrafe dieser Anschauung Rechnung, indem sie — meiner Meinung nach vollkommen richtig — die Bestimmung des §. 228, Zahl 4, mit der Sicherheit des Gefangenhauspersonales rechtfertigt (M. B. S. 16), also offenbar darauf rechnet, die zur lebenslangen Kerkerstrafe Verurtheilten durch diese Strafdrohung von der · E r m o r d u n g i h r e r  W ä c h t e r  a b z u s c h r e c k e n. Man mag nun über die relative Furchtbarkeit der lebenslänglichen Kerkerstrafe, über die Schrecknisse der Einzelhaft etc. sagen, was man will; gewiss und psychologisch sichergestellt ist es, dass die abschreckende Wirkung dieser Strafen im Vergleiche zu jener der Todesstrafe verschwindet! Wird nun letztere für eine grosse Reihe von Verbrechen aufgehoben, so bangt mir vor der Wirkung einer solchen Massregel. Ich kenne die Taktik, die von denen angewandt wird, welche die abschreckende Wirkung der Strafen läugnen; sie besteht in der Gegenüberstellung einer Anzahl von Hinrichtungen aus einer, und einer

Anzahl von Mordthaten aus derselben oder folgenden Zeitperiode, um triumphirend ausrufen zu können: „Da sieht man,
„was es genützt hat; trotz den Hinrichtungen hat sich die
„Zahl der Morde um nichts verringert." — Leute, die an
die unbedingte Beweiskraft der Ziffern glauben, sind mit einer
solchen · Argumentation wohl zufrieden; allein sie übersehen,
dass vielleicht die Anzahl von Morden noch viel grösser gewesen wäre, wenn die abschreckende Wirkung der Todesstrafe sie nicht eingeschränkt hätte. In wie viel Fällen diese
abschreckende Wirkung eingetreten ist, lässt sich freilich nicht
ziffermässig darstellen! Die Anzahl der Kessel-Explosionen,
welche durch die Sicherheits-Ventile verhindert worden sind,
lässt sich ebenfalls nicht ziffermässig nachweisen — auch finden
trotz dieses Apparates Explosionen statt, wird aber deshalb
irgend Jemand behaupten, die Sicherheits-Ventile seien un-
nütze Dinge?

Ich schliesse aus dem Gesagten, dass im Ganzen die
jetzige Gesetzgebung über Todesstrafen jener des Entwurfes
bei Weitem vorzuziehen ist. — Erstere gewährte die Möglichkeit, mit äusserster Strenge dann und dort vorzugehen, wo es
nothwendig erscheint, während andererseits die bis an die
äusserste Grenze gehende Milde in der Praxis, wie sie
seit Langem geübt wird, auch Jene befriedigen kann,
die in Uebereinstimmung mit der Commission die Todesstrafe
im Principe aufrechterhalten, allein nur in ganz besonderen
Fällen vollzogen sehen wollen. — Ich habe oben gesagt, dass
ich nicht zu den Anhängern der reinen Abschreckungs-Theorie
gezählt werden möchte, jedoch von der Ueberzeugung wird
mich Niemand abbringen, dass dort, wo höhere Motive fehlen,
die Furcht vor der angedrohten und manchmal vollzogenen
Todesstrafe wohl geeignet ist, manch schreckliches Verbrechen
zu verhindern. — Höher aber als der Strafzweck der Ab-
schreckung steht der der Besserung; ich glaube nicht zu
irren, wenn ich annehme, dass im Gemüthe des noch nicht

ganz verhärteten Verbrechers das Todesurtheil eine gewaltige
Erschütterung vornimmt, und in vielen Fällen, wo hinterher
Begnadigung eintritt, dieser erschütternde Moment den Grund
zu dauernder Besserung legt. Auf einen Punkt mache ich
hiebei schliesslich aufmerksam : Der Motiven - Bericht selbst
erwähnt, dass unter den während der Periode von 1866—71
zum Tode verurtheilten 275 Mördern sich kein Rückfälliger
befand. Es scheint dies meine soeben ausgesprochene Ansicht
zu bestätigen, wenn ich auch, wie gesagt, aus derlei statistischen
Daten keine allzuweit gehenden Schlüsse ziehen möchte !

In einem einzigen Paragraph hat der Entwurf eine ebenso
folgenschwere als principiell wichtige Neuerung zusammen-
gedrängt; in wenigen, dürren Worten wird uns da ein legis-
latives Geschenk geboten, dessen eigenthümliche Natur, wie
ich glaube, den Oesterreicher wie den Juristen aufs Höchste
befremden sollte: den Oesterreicher, weil ihm damit eine
in den Gesetzen seines Landes bisher unbekannte Grösse
entgegentritt, den Juristen, weil er mitten in éine Schöpfung
des „modernen Rechtsstaates" ein Element der Willkür hinein-
ragen sieht, weil er den Keim einer Institution erblickt, welche
zu den beliebtesten Strafmitteln der römischen Imperatoren-
Zeit gehörte, ich meine die Strafe der Verbannung.

§. 37 des Entwurfes gibt dem Richter die Macht, neben
einer Freiheitsstrafe auf Verweisung aus einem bestimmten
Orte, Bezirke oder Lande, für bestimmte Zeit oder für
immer zu erkennen. Nur der Zuständigkeits-Ort des Verurtheilten ist hievon ausgenommen, und die einzige Norm,
welche dem Richter bezüglich der Anwendung dieser neuen
Strafart gegeben wird, liegt in den Worten des Paragraphs,
es könne auf Verweisung erkannt werden, „wenn das Verbleiben des Verurtheilten daselbst für die öffentliche
Sicherheit oder Sittlichkeit gefährlich erscheint."

Der Motivenbericht sagt über diese neue „Nebenstrafe"', wie er sie (Seite 35) nennt, sehr wenig, er verweist, um sie zu begründen, nur auf seinen Vorgänger vom Jahre 1867, der mir leider nicht vorliegt. Originell ist es aber, dass derselbe Motivenbericht (Seite 34) unmittelbar zuvor sich soviel darauf zugute thut, dass nach dem Entwurfe „alle durch das Urtheil auszusprechende Verschärfungen" wegfallen sollen (nämlich Fasten, hartes Lager, Einzelhaft und Dunkelhaft). Nehmen wir die Sache praktisch und denken wir uns einen concreten Fall; denken wir uns etwa, es habe ein bisher unbescholtener, allgemein geachteter Mann, der nur den Fehler hat, Mitglied oder gar Führer einer oppositionellen politischen Partei zu sein, ein leichteres politisches Delict begangen, er habe etwa das gethan, was §. 397 des neuen Entwurfes verpönt, nämlich „Sammlungen zu dem Zwecke veranstaltet, um dem wegen „einer strafbaren Handlung Verurtheilten Deckung oder Ersatz „für Cautionsverfall, Geldstrafe oder Entschädigungsleistung zu gewähren." — Nach den Eingangsworten dieses §. ist die hierauf gesetzte Strafe Haft oder Geld, also doch eventuell eine Freiheitsstrafe, eine Strafe, bei welcher die Nebenstrafe der Landes-Verweisung Anwendung finden kann. — Der Richter hält nun das fernere Verbleiben des Oppositionsmannes für „der öffentlichen Sicherheit gefährlich" — und der §. 37 thut seine Schuldigkeit, der Oppositionsmann, dessen Strafe in 8 Tagen Haft besteht, muss als Nebenstrafe noch die Kleinigkeit einer mehrjährigen, vielleicht einer ewigen Verbannung mit in den Kauf nehmen. Allerdings ist die Verweisung aus dem Orte, wo der Verurtheilte zuständig ist, unzulässig; allein bekanntlich ist der Wohnort nicht immer identisch mit dem Orte der Zuständigkeit. — Was hilft übrigens die Ausnahme des letztern Ortes einem Manne, dessen Beruf beständiges Reisen in einem bestimmten Bezirke oder Lande erfordert, wie es z. B. bei einem Landarzte mit ausgedehnter Praxis, bei einem Handelsmann etc. der Fall ist! Er ist offenbar ruinirt, wenn man ihm den fernern Aufenthalt in diesem Bezirke oder Lande verwehrt, mag auch der Aufenthalt am Wohnort ihm noch frei stehen. Das von mir gewählte Beispiel mag grell sein, aber, die Gesetzeskraft der betreffenden Stelle des Entwurfes vorausgesetzt, ist „die legale Möglichkeit des von mir construirten Falles gegeben. In hunderten von Fällen aber, die vielleicht weniger crasser Art, aber schlimm genug sind, kann die Nebenstrafe an Empfindlichkeit die eigentliche Strafe weit überragen; und schon dies ist in meinen Augen ein arger Uebelstand. -- Merkwürdige Milde, welche die Verschärfung des Fastens oder einer kurzen Einzelhaft aufhebt, weil sie „das Gemüth des Sträflings verbittert" (Motivenbericht S. 35), dagegen die Nebenstrafe des Exiles in die Gesetzgebung einführt! Wenn der abgehärtete, an Hunger und Ungemach aller Art gewohnte Landstreicher durch ein nur ein- oder zweimaliges Fasten oder eine auf hartem Lager verbrachte Nacht „verbittert" wird — was sollen erst die Gefühle sein, die das Exil in der Brust eines gebildeten, an seinem Vaterlande mit warmem Patriotismus hängenden Mannes hervorruft? Und sollte dieser Mann auch ein Verbrecher sein, der den Namen verdient — das Hängen an der Heimat ist, um mit den schönen Worten Leo's zu sprechen, die Wurzel aller Pietät, und das Zerstören dieser Wurzel wird schwerlich jenen bessernden Einfluss ausüben, welchen der Entwurf von der Strafe überhaupt verlangt und erwartet. — Wie leicht diese Bestimmung von etwaigen Parteiregierungen missbraucht werden könnte, liegt auf der Hand. Wolle man nicht einwenden, das sei nicht der Zweck und nicht die Absicht: in politisch aufgeregten Zeiten sind Gesetze, denen man politische Tendenz ebensowenig nachweisen kann und welche der richterlichen Willkür viel weniger Spielraum geben, als der §. 37 des Entwurfes, missbraucht worden; überhaupt scheint mir bei der Kritik eines Gesetzes nicht nur die Absicht, die ihm zu Grunde

liegt, sondern alle Möglichkeiten der Auslegung ernster Erwägung werth. — Doch nicht blos diese Möglichkeiten sprechen
gegen den §. 37, sondern auch bei einer sorgfältigeren Textirung,
ja selbst dann, wenn die „Nebenstrafe" der Verbannung nur
ausnahmsweise zur Anwendung kommen dürfte, müsste ich
ihr schwere Bedenken entgegenbringen. Mag man die Sache
wie immer, von welcher Seite man nur will, betrachten, immer
liegt in der Anwendung der Verbannungsstrafe ein indirectes
B e k e n n t n i s s  d e r  S c h w ä c h e  von Seite der Justiz.
Letztere gibt damit zu erkennen, dass der Wille des Einzelnen allein stärker ist, als ihr Strafzwang, addirt mit der
Polizeigewalt des Staates; sie gibt zu verstehen, dass, sie möge
es anstellen wie sie wolle, sie mit dem Sträfling *hic et nunc* nicht
fertig werden kann, und dass man ihm deshalb Zeit geben
müsse, „fern von Madrid darüber nachzudenken" wie er —
auch an einem dritten Orte der Sicherheit oder der Sittlichkeit
gefährlich werden könne; bei einer ausgesprochenen Tendenz
hiezu wird er nur zu oft dort ebenso gefährlich, wenn nicht
noch gefährlicher werden, wo man seine Antecedentien
weniger kennt.

* * *

## Specielles (Fortsetzung).

Wenn ich unmittelbar auf die Betrachtung der der Todes-
und der Verbannungs-Strafe gewidmeten Theile des Entwurfes
einige „Randglossen" folgen lasse, deren Stoff den von Vergehen
und Uebertretungen handelnden Theilen des Entwurfes entnommen ist, so möge diese mangelhafte Anordnung darin
ihre Entschuldigung finden, dass diese Aufsätze nicht lediglich,
aber doch zunächst, den Zweck haben, auf Einiges aufmerksam zu machen, was dem Autor dieser Zeilen besonders auf-
gefallen ist. Conservative Juristen, Gesinnungsgenossen über-

haupt zu weiterem Studium des Entwurfes anzueifern, vielleicht
in der oder jener Richtung die erste Anregung zu einer
Action mancher conservativer Mitglieder des Abgeordneten-
und des Herrenhauses zu geben, wäre das Höchste, was der
Verfasser erreichen zu können glaubt, da er keineswegs den
Anspruch macht, etwas wissenschaftlich Erschöpfendes oder
ein geschlossenes Ganzes zu bringen!

Bekanntlich existiren in dem jetzt geltenden Strafgesetze
zwei sogenannte „Hass- und Verachtungs-Paragraphe" (§. 65 u.
§. 300), welche (nebst anderen Bestimmungen) auch Strafsätze
gegen Jene enthalten, die zum Hasse oder zur Verachtung
„gegen die Regierungsform und Staatsverwaltung" (§. 65),
„gegen Staats- oder Gemeindebehörden oder gegen einzelne
„Organe der Regierung in Beziehung auf ihre Amtsführung"
(§. 300) aufreizen. — Ebenso bekannt dürfte es sein, dass die
grosse Dehnbarkeit dieser Paragraphe schon häufig tadelnd
hervorgehoben wurde. —

Man beruft sich darauf, dass der zum Wesen des Con-
stitutionalismus gehörende Parteikampf die Anwendung scharfer
Waffen, der Waffen des Tadels und selbst des Spottes mit
sich bringt, dass die Wirkung, welche das Auftreten der
Opposition haben soll, doch wahrlich nicht in einer gesteigerten
Beliebtheit der herrschenden, durch die Regierung
verkörperten Partei bestehen kann. Man weist darauf
hin, dass ein mitunter denn doch nothwendiger Wechsel in
den Personen der verschiedenen Staats- und Gemeindebehörden,
ein Bedürfniss nach Aenderung in den verschiedenen staatlichen
Einrichtungen vor der Oeffentlichkeit nur dann als motivirt
sich herausstellen kann, wenn die Kritik die Fehler und
Schwächen offen darlegen darf, und dadurch allerdings die
Träger desselben dem allgemeinen Missfallen preisgibt. —

Zahlreiche Schlussverhandlungen haben es erwiesen, dass
die Grenze zwischen diesem Missfallen und jenem Hass oder
Verachtung eine äusserst unbestimmte und schwankende ist;

— und manches Strafurtheil, manches objective Strafverfahren, welches auf Grund dieser Paragraphe gefällt resp. durchgeführt worden ist, mochte sich wohl aus den Buchstaben des Gesetzes rechtfertigen lassen, ohne dass es gleichzeitig an vorurtheils-freien Stimmen fehlte, die da meinen, dass so vieldeutige Paragraphe zu — Anachronismen führen müssen, weil ihre schrankenlose Anwendung sich nicht mit der, zur Entwicklung öffentlichen Lebens nothwendigen Freiheit der Meinungs-Aeusserung vertrage. — Man blieb indess bei dieser Kritik nicht stehen und verstieg sich zu der, wie man glaubte, wohl-begründeten Hoffnung, dass es einer neuen Redaction unseres Strafgesetzes gelingen werde, unter Aufrechthaltung der n o t h - w e n d i g e n Strenge jene Vieldeutigkeit des Ausdruckes zu meiden, welche zu u n n ö t h i g e r und ungerechtfertigter Härte führen kann. —

Erfüllt der Entwurf diese Hoffnung? — Der geneigte Leser möge selbst urtheilen! Zu jenen Paragraphen des Ent-wurfes, welche die „Hass- und Verachtungs-Paragraphe" ersetzen sollen, ist im §. 396 ein Novum merkwürdiger Art, nämlich ein A b n e i g u n g s-Paragraph hinzugekommen, folgendermassen textirt: „Wer öffentlich eine Kundgebung macht, welche Ab-neigung oder Geringschätzung gegen den Staat, die Ver-fassung oder die Regierung ausdrücken soll, und vorher ausdrücklich verboten worden ist, wird mit Haft oder an Geld bis zu 300 fl. bestraft." —

Auf den ersten Blick könnte dieser Paragraph ziemlich harmlos scheinen, und ich gestehe, dass die Reminiscenz, die er in mir wachruft, zunächst ziemlich harmloser Art ist. Ich höre den guten Sarastro in der Zauberflöte, wie er der schönen Pamina die Worte vorsingt: „Zur Liebe kann ich Dich nicht zwingen, doch geb' ich Dir die Freiheit nicht." — Allein die Harm-losigkeit schwindet, sobald wir die Sache näher ins Auge fassen. Personen mögen uns kühl lassen bis ans Herz hinan, sie können uns gleichgiltig sein, Regierungen sind es niemals. —

Was eine Regierung verfügt, die Absichten, die sie zu erkennen gibt, oder die wir in ihr aus guten Gründen vermuthen, die Art und Weise, wie sie bestehende Gesetze und Verordnungen durchführt, der Antheil, den sie an der Legislation nimmt — alles dies kann uns nicht, ja darf uns nicht gleichgiltig sein, weil es in unser Leben, in unser öffentliches und Privatleben, tief einschneidet, wo es nicht unsern Bedürfnissen, unseren Hoffnungen und Wünschen entspricht. — Wir Alle aber haben ja nach Stand und Beruf, sei es nun als Mitglieder eines Vertretungskörpers, als Publicisten, als Wähler, als Mitglieder politischer Vereine etc. etc. das Recht und die Pflicht, unserer politischen Ueberzeugung Ausdruck zu geben. — Sollen wir hiebei die jeweilige Verfassung und Regierung gänzlich mit Stillschweigen übergehen? — Oder sollen wir Zuneigung heucheln, wo wir Abneigung empfinden, sollen wir dort loben, wo unserer Ueberzeugung nach wir tadeln oder klagen müssten? — Oder sollen wir etwa sagen, die Acte der Regierung interessiren uns wohl, allein die Regierung — vorausgesetzt, dass es eine Regierung sei, die wir n i c h t l i e b e n können — sei uns gleichgiltig, wer da regiere, das sei uns ganz egal? Der Sarastro-Paragraph selbst scheint letztes nicht zu wünschen, den er stellt der „A b n e i g u n g“ die „G e - r i n g s c h ä t z u n g“ gleich, und es dürfte s e h r s c h w e r sein, die G r e n z e z w i s c h e n G l e i c h g i l t i g k e i t und allem dem zu finden, was sich unter dem vieldeutigen Ausdrucke: G e r i n g s c h ä t z u n g — einem Ausdrucke, der viel elastischer ist, als das Wort: „Verachtung“ — subsumiren lässt!

Man wird vielleicht sagen, so schlimm sei es nicht gemeint: nur solche Bezeugungen von Abneigung oder Geringschätzung, welche die Regierung ausdrücklich verboten, seien strafbar, und am Ende sei es begreiflich, dass Jene bestraft werden müssen, welche die Verfügungen der Obrigkeit nicht respectiren. — Gerade das aber halte ich für höchst bedenklich, d a s s  d u r c h  §.  396  d e r  j e w e i l i g e n  R e g i e r u n g

gewissermassen das Recht vindicirt werden soll,
jede ihr irgendwie unbequeme Kundgebung ent-
weder zu vereiteln, oder zu bestrafen.

Ich glaube genügend nachgewiesen zu haben, dass die
Grenze zwischen den Ausdrücken „Abneigung und Geringschätzung" einerseits und einer ernsten, sachgemässen Kritik,
einer wohlbegründeten Klage selbst nachträglich äusserst
schwierig festzustellen ist. Um wie viel schwieriger aber ist es
für Jene, welche eine öffentliche Kundgebung oppositionellen
Charakters beabsichtigen und die vorläufige Anzeige zu erstatten
haben, um wie viel schwieriger ist es für sie, eine Form zu
finden, welche von einer hiezu geneigten Behörde nicht als
ein Ausdruck von Abneigung oder Geringschätzung befunden
und verboten werden kann! —

Auf einem Meeting z. B. soll eine Resolution zu Gunsten
irgend einer Verfassungs-Aenderung beantragt werden. Ist
dies nicht eine, Geringschätzung gegen die Verfassung aus-
drückende Kundgebung? — Denn es ist sonnenklar, dass
vernünftigerweise nur eine ungünstige, also die jeweilige
Verfassung verhältnissmässig gering schätzende Meinung
dazu führen kann, an die Stelle des Bestehenden etwas Anderes
zu setzen. Ist folglich zu verbieten, und der Contravenient
nach §. 396 zu bestrafen! — In einer der Betrachtung der
allgemeinen Lage gewidmeten Druckschrift meint der Verfasser, die dualistische Gestaltung der Monarchie thue dem
Herzen der patriotischen Oesterreicher ebenso weh, als die
bekannten 70 pCt. ihrem Beutel. — Offenbare Abneigung
gegen unsere Verfassungszustände spricht sich hierin
aus, ja in Anbetracht dessen, dass durch den Dualismus neue
Staatsform geschaffen wurde, könnte man am Ende sogar
Abneigung gegen den Staat aus solchen und ähnlichen
Aeusserungen herausfinden, und hätte Veranlassung zu einem
Verbote. — Ja noch viel harmlosere Kundgebungen könnten
nach diesem Paragraph inhibirt werden; denken wir uns, ein

Ministerium habe seine Entlassung eingereicht; die politischen
Freunde und persönliche Verehrer desselben bemühen sich in
Vereinen, Corporationen, Gemeinden, Demonstrationen zu
Stande zu bringen, welche einerseits den Ausdruck der Ver-
ehrung, andererseits den Ausdruck des Bedauerns über das
Scheiden der Minister aus ihrem Amte enthalten. — Wenn
nun etwa die Nachfolger der letztern dem entgegengesetzten
politischen Lager entnommen sind, so können sie ohneweiters
den Sarastro-Paragraph dazu benützen, die Demonstranten
an dem Ausdrucke ihrer Gefühle zu hindern; denn unfehlbar
involvirt letzterer den Ausdruck des Bedauerns darüber, dass
die Gegenpartei an's Ruder gekommen, dass politische Gegner
die Zügel der Regierung in die Hände bekommen. Mit
andern Worten: die Leute, welche ein Ministerium ihrer Zuneigung versichern, geben ausdrücklich oder stillschweigend
dem geraden Gegentheil dieses Ministeriums das gerade Gegentheil ihrer Zuneigung, also ihre Abneigung zu erkennen:
es kann also jede derartige Demonstration verboten werden
nach §. 396.

Obwohl über diesen inhaltsschweren Paragraph noch
Manches zu sagen wäre, glaube ich schon genug gesagt zu
haben, um es motivirt erscheinen zu lassen, wenn ich denen,
die es angeht, zurufe, sie mögen bei Berathung der Ver-
bannungs- und der Abneigungs-Paragraphe Vorsorge treffen,
*ne quid libertas detrimenti capiat!*

* * *

(F o r t s e t z u n g.)

Die Befürchtung, die ich eben aus Anlass des §. 396
ausspreche — die Befürchtung nämlich vor einer allzugrossen
Einschränkung der persönlichen Freiheit — sie wird durch
mehr als eine Stelle des Entwurfes gerechtfertigt. — Wir
finden in demselben eine Masse „kleiner" Delicte, deren grosse

Mehrzahl nach meiner Meinung — wie bereits früher angedeutet — polizeilich zu bestrafen wären, der Judicatur des
Strafrichters zugewiesen, wir finden unter diesen Bestimmungen
höchst bedenkliche Verschärfungen der bisherigen strafgesetz-
lichen Normen, ja sogar einem merkwürdigen Bedürfnisse nach
Schaffung neuer, bisher ungekannter Delicte wurde Rechnung
getragen.

Allerdings sind solche „kleine" Delicte auch im jetzigen
Strafgesetze sehr stark vertreten — allein bekanntlich trägt
dieses das Datum vom Jahre 1852, das Datum einer Zeit,
die grossen blutigen Revolutionen unmittelbar nachfolgte, und
in der grössere Strenge, ja selbst grössere Aengstlichkeit
gerechtfertigter erschien, als heute, mitten in einer „freiheit-
lichen" Aera. — Man sieht bei aufmerksamer Lesung des
Entwurfes die grosse Mühe, die sich sein Verfasser gegeben
hat, nur ja Alles zu thun, damit der beliebte Grundsatz:
*„Nulla poena sine lege"* zu voller Geltung komme, dabei aber
auf nichts vergessen werde, dessen Bestrafung sich nur irgendwie rechtfertigen lasse. — Es ist dies ein in gewisser Beziehung
löbliches Bemühen — allein zu welchem Erfolge hat es hier
geführt? — Zu einer peinlich casuistischen, dem *judicium* des
künftigen Richters wenig Spielraum übrig lassenden Aufzählung
von Delicten, welche letztere dann mitunter (wenigstens in
einem zu erwähnenden Falle) auf eine solche Weise den verschiedenen Delicts-Kategorien eingereiht werden, dass man
sich verblüfft fragt, ob man richtig gelesen habe. — Citiren
wir Beispiele! — Ein neues vom bisherigen Strafgesetze unge-
kanntes Delict nennt uns der §. 413 des Entwurfes, der
Geldstrafen gegen Jene androht, die ohne polizeiliche
Bewilligung oder mit Ueberschreitung desselben eine
Sammlung von Geld etc. von Haus zu Haus unter-
nehmen. — Sehen wir nun, von welcher Art dies neue Delict,
so finden wir es eingereiht im 1. Hauptstück des dritten
Theiles, welcher folgendermassen betitelt ist: Uebertre-

tungen wider die Sicherheit des Staates und der öffentlichen Ordnung. (!) Bist Du, lieber Leser, Dir klar über die Tragweite dieses Paragraphs? Nehmen wir an, Du seist ein musterhafter Staatsbürger; Du habest stets Deiner Wehrpflicht und Steuerpflicht genügt; Du stimmest als Wähler stets für den Regierungs-Candidaten, Deine Lieblings-Lecture seien die „ungestempelten" officiösen Blättchen. Da trifft es sich unglücklicherweise, dass wegen schuldigen, leider aber unerschwinglichen Miethzinses Dein Nachbar, ein armer, kranker Familienvater auf die Strasse geworfen werden soll. Das Mitleid erfasst Dich, und weil Deine Mittel Dir nicht erlauben, die ganze Schuld zu übernehmen, weil aber andererseits die Zeit drängt und die grausame Procedur in einer oder zwei Stunden vorgenommen werden soll, läufst Du geschwind zu zwei oder drei guten Freunden, bringst mit ihrer Hilfe die fehlende Summe zusammen, und befreist die arme Familie aus ihrer schrecklichen Lage. Du glaubst eine gute That verübt zu haben — verhängnissvoller Irrthum! — Du, der Musterstaatsbürger, hast vielmehr etwas Staatsgefährliches verübt, Du hast, sowenig Du daran dachtest, Dich nach §. 413 einer Uebertretung wider die Sicherheit des Staates und der öffentlichen Ordnung schuldig gemacht!

Eine höchst bedenkliche Verschärfung der bisherigen gesetzlichen Bestimmungen finden wir in dem neuen Entwurfe rücksichtlich der Beleidigung von Beamten und der ihnen gleichgestellten Personen.

Während §. 312 des Strafgesetzes vom Jahre 1852 ausdrücklich besagt, dass die Beleidigung eines Beamten im Dienste, „wenn sich darin nicht eine schwerer verpönte Handlung „darstellt, als Uebertretung zu ahnden" sei — werden im Entwurfe (§. 125) alle Beleidigungen von Beamten im Dienste dem Vergehen — also einer höheren Delicts-Kategorie, zugezählt. Auch die Strafsätze sind im Entwurfe bedeutend erhöht. Während nach dem jetzt geltenden Gesetze Verbal-Injurien mit A r r e s t von 3 T a g e n b i s z u e i n e m M o n a t e, thätliche Beleidigungen mit Arrest von einem bis zu 6 Monaten gestraft werden, und nur in besonders folgenschweren Fällen (§. 313) die Verurtheilung auf strengen Arrest — a b e r n i e a u f l ä n g e r a l s 6 M o n a t e — lauten darf — bestimmt der Entwurf, dass die Strafe solcher Beleidigungen, wenn sie thätlich, G e f ä n g n i s s b i s z u e i n e m J a h r e sein solle, andere Beleidigungen oder Störungen der Beamten in Ausübung ihres Dienstes mit G e f ä n g n i s s b i s z u 6 M o n a t e n (allerdings unter Umständen nur an Geld bis 500 fl.) gestraft werden sollen.

Es kann nicht schaden, wenn wir uns wiederholt daran erinnern, in welcher Zeit unser jetziges Strafgesetz entstanden ist: es war dies eine Zeit der Reaction, einer Epoche, der man gewiss a l l e s Andere eher vorwerfen darf, als Geringschätzung des Beamtenthums! — Ist es wirklich nöthig, das damals zum Schutze des Beamten für genügend erachtete Mass von Strenge heutzutage zu überbieten? — Legen wir einem Unparteiischen die beiderseitigen Strafbestimmungen vor: sagen wir ihm, die einen stammen aus der vielverschrieenen Bachischen Reactionsepoche, die andern aus den Tagen moderner „Freiheit" — und ich will wetten, der Unparteiische wird am Ursprunge der beiden Texturungen irre werden! — Erinnern wir uns hiebei, dass nach §. 124 des Entwurfes „als im öffentlichen Dienste stehend" (also den Beamten gleichstehend) anzusehen sind auch die zur Aufsicht oder zum B e t r i e b e bei den zum allgemeinen Verkehre bestimmten Eisenbahnen oder bei den Staatstelegraphen bestimmten Personen. — Ich halte die stricte Durchführung so weit reichender Bestimmungen für i l l u s o r i s c h, und w o s i e durchgeführt werden, müssen sie z u u n l e i d l i c h e n H ä r t e n führen. — Die Raschheit des Eisenbahnverkehres, die massenhafte Frequenz, die grosse Menge und sociale Verschiedenheit der beim Bahnbetriebe angestellten Personen bringen es täglich mit sich, müssen es unvermeidlich mit sich bringen, dass der Verkehr zwischen dem reisenden Publicum und dem Betriebspersonale nicht immer und ausschliesslich in jenen Formen sich bewegt, wie sie etwa Knigge's Umgang mit Menschen vorschreibt oder wie sie in den Empfangs - Soiréen eines Botschafters üblich sind. — Ist es billig, dass der für sein gutes Geld (nebst $x^0/_0$ Agiozuschlag) fahrende Reisende, der unter der Grobheit, oder unter der Nachlässigkeit irgend eines Eisenbahnbediensteten empfindlich zu leiden hatte, und seinem Unwillen in einigen etwas zu lebhaften Worten Luft macht, ebenso, nach demselben Paragraphe, nach derselben Strafkategorie, wegen desselben Vergehens gestraft werde, als etwa der Strolch, der in cynischer Frechheit bei der Schlussverhandlung einen Strafgerichtshof insultirt? — Ich kann es unmöglich gerechtfertigt finden, dass derjenige, welcher etwa einen groben Eisenbahnportier einen Flegel gescholten hat, wegen V e r g e h e n s zu schwerer Strafe verurtheilt werden solle, während nach §. 440 der, welcher während der gottesdienstlichen Verrichtungen den Anstand in Aergerniss erregender Weise verletzt, blos wegen U e b e r t r e t u n g mit — Haft bis zu zehn Tagen bestraft werden solle !

Beim Studium dieses Theiles des Entwurfes habe ich mich einer argen Illusion hingegeben; sie bestand darin, dass ich die drakonischen Strafbestimmungen, welche auf Beleidigungen von Amtsdienern, Grundwächtern, Packträgern und ähnlichen Functionären gesetzt sind, mit jenen Strafen vergleichen wollte, welche den treffen sollen, der gegen den Diener Gottes, g e g e n d e n g e w e i h t e n P r i e s t e r die frevelnde Hand erhebt oder in rohen Schimpfworten sich ergeht. Ich habe vergeblich nach einem solchen Paragraphen gesucht — die Beleidigung des Priesters, des Religionsdieners in Ausübung seines Amtes, die nach dem jetzt geltenden Strafgesetze ausdrücklich in §. 303 als besonderes Delict und

zwar als Vergehen genannt und mit schwerer Strafe bedroht
wird, kommt im Entwurfe weder als Vergehen noch als Uebertretung vor; sie bildet kein specielles Delict mehr;
nur von Störungen des Gottesdienstes, sowie von „be-
schimpfendem in Kirchen verübtem Unfug" -- ist im Entwurfe
die Rede. Zu gewissen Dingen Commentare zu machen, ist
überflüssig.

In dem Bestreben für allgemeine Ruhe, Ordnung, Sicherheit etc. ausgiebig zu sorgen, — dem Bestreben, welchen die
meisten von den „kleinen" Delicten handelnden Paragraphe
des Entwurfes ihr Dasein verdanken — geht letzterer mitunter
gar zu weit. — Auch scheint die Stylisirung mancher Paragraphe
nicht danach angethan, einen diesbezüglichen Fortschritt im
Vergleiche zur Texturung des jetzt geltenden Strafgesetzes
nachzuweisen. — Ich erinnere in letzterer Beziehung beispielsweise an §. 401 des Entwurfes, wo „von Schaustellungen von
„Menagerien, Kunst- und Naturmerkwürdigkeiten, Panoramen,
„Feuerwerken oder andern Kunstfertigkeiten" (!) die
Rede ist. — In ersterer Richtung aber hätte ich gegen die
unklare, unbestimmte Weite, in der einige Paragraphe sich
bewegen, so Manches einzuwenden; und auch hier verdient
in mehr als einer Beziehung unser jetziges Gesetz den Vorzug.
Während beispielsweise das letztere im §. 430 nur jene Kutscher
oder Knechte mit Strafe bedroht, welche bespannte Wägen
oder Pferde ohne Bespannung im Freien ohne Aufsicht stehen
lassen, wo sie durch Ausreissen oder sonst Schaden
anrichten können, will §. 475 des Entwurfes Jeden bestraft
wissen, der Pferde oder bespannte Wagen und dgl. auf
öffentlichen Strassen oder Plätzen oder sonst an besuchten
Orten mit Vernachlässigung der erforderlichen
oder insbesondere vorgezeichneten Sicherheitsmassregeln frei stehen lässt. Es liegt auf der Hand,
dass nach dem jetzigen Strafgesetze der arme Fuhrmann,
dessen Pferde in fusshohem Schnee ermüdet stecken bleiben,

3*

und der den Wagen verlässt, um Vorspann zu holen, nicht
gestraft werden kann, denn Pferde, die überhaupt nicht vom
Flecke können, werden gewiss nicht ausreissen, — welches
aber die „erforderlichen Sicherheitsmassregeln" sind, die der
Fuhrmann nach dem Entwurfe in diesem Falle anwenden soll,
darüber habe ich vergeblich nachgedacht. — Auch fürchte
ich, dass die Herren staatsanwaltschaftlichen Functionäre viel
zu thun haben werden, wenn sie in Consequenz desselben
Paragraphs, (Absatz 4) Jeden verfolgen sollen, der „bei
Leitung eines Fuhrwerkes durch Schlafen oder sonstiges Ver-
schulden sich in eine Lage gebracht hat, in der er sein
Gespann nicht mehr gehörig zu lenken im Stande ist." —
Man muss bei solchen Bestimmungen nicht immer den Kohl-
markt oder die Kärnthnerstrasse in Wien vor Augen haben,
sondern sich erinnern, dass auf den menschenleeren Wegen des
flachen Landes häufig der Kutscher ohne jegliche Gefahr
schlafen und die „gehörige Leitung" den treuen Pferden überlassen kann. Aehnliches gilt von folgendem Paragraph, der im
Absatz 1. von Jenen handelt, die „auf öffentlichen Strassen
Gegenstände in einer Weise tragen. wodurch Andere beschädigt
werden können" — (welches ist diese Weise und können
nicht stets durch das Tragen schwerer Gegenstände Be-
schädigungen Anderer herbeigeführt werden?) — ferner von
§. 478, der es für straffällig erklärt, wenn Thiere, die für
Menschen gefährlich sind, frei umherlaufen gelassen werden.
— Ein kräftiger Stier aber ist immer gefährlich oder
kann doch viel gefährlicher werden als etwa ein verkrüppelter
Menagerie-Wolf oder ein Zwerg-Alligator; dennoch muss
er „frei umherlaufen"; und wollte ihn auch der Gemeinde-
hirt am Stricke führen, so würde dies, ist das Thier bei
übler Laune, wenig nützen. — Will man nun gegen jede
Gemeinde, gegen Grundbesitzer, die ihre Stiere im Freien weiden
lassen, hochnothpeinlich einschreiten? Ich glaube, in diesen,
wie in allen ähnlichen Fällen sollte man nur zweierlei strafen:

die offenbare Contravenienz gegen positive, deutliche Vor-
schriften, und die leichtsinnige Gefährdung fremder oder
selbst eigener Existenz. Ob letztere vorliegt, könnte allerdings
nur von Fall zu Fall ein mit discretionärer Gewalt ausge-
statteter Richter, (am besten wohl ein Polizei-Richter, wir können
den Gedanken nicht aufgeben) — entscheiden.

\* \*
\*

Hiemit schliesse ich meine Randglossen, nicht weil der
Stoff zu weiten Bemerkungen fehlt, sondern weil ich die
Geduld Jener, die mir etwa bis hieher folgten, nicht länger in
Anspruch setzen mag. — Harren wir der Dinge, welche die
Debatte uns bringen wird!

E n d e.

# Nachtrag.

Die voranstehenden Randglossen waren bereits dem Drucke übergeben, als ich durch freundliche Vermittelung in Besitz des Berichtes gelangte, welchen der Strafgesetzausschuss des Abgeordnetenhauses nach Durchberathung der von mir besprochenen Regierungs-Vorlage des Strafgesetz-Entwurfes, erstattet, und erst in den letzten Tagen dem Hause vorgelegt hat.

In dem kurzen Vorworte, welches den Bericht einleitet, sagt der Ausschuss, er habe alle „das Gesetz beherrschenden Principien" — von der Todesstrafe abgesehen, — im Wesentlichen nach der Regierungs-Vorlage angenommen. Das Elaborat des Ausschusses bietet mir also nur wenig Gelegenheit zu principiellen Bemerkungen, da ich die Bedenken, welche ich z. B. gegen die grundsätzliche Anlehnung an deutsche Rechtsbildung und gegen die Einbeziehung wesentlich „polizeilicher" Delicte in das Strafgesetz, sowie gegen die hieraus entstandene Häufung der „kleinen" Delicte hege, bereits der Regierungsvorlage gegenüber geltend machte, und eine Wiederholung dieser Einwendungen gegenüber der conformen Auffassung des Ausschussberichtes überflüssig wäre. Auch die wichtige Neuerung des §. 36, R. V., wodurch die Verweisung aus einem bestimmten Orte, Bezirke oder Lande als „Nebenstrafe" jeder Freiheitsstrafe — also auch vom Einzelrichter — verhängt werden kann, hat der Ausschuss angenommen;

allerdings mit der, meiner Ansicht nach ungenügenden, immerhin aber relativ bessern Textirung, dass nicht, wie in der Regierungs-Vorlage, von der Gefahr für die „öffentliche Sicherheit", sondern von der Gefahr für „Sicherheit der Person oder des Eigenthums" die Rede, also die Möglichkeit einer missbräuchlichen Anwendung dieser Bestimmung immerhin verringert ist.

Die T o d e s s t r a f e soll nach dem Votum der Ausschussmajorität a b g e s c h a f f t werden — d. h. nur mehr im standrechtlichen Verfahren zur Anwendung kommen. Die Motivirung dieser bedeutungsvollen Neuerung nennt der Majoritäts-Bericht selbst eine „äusserst dürftige" und schwerlich wird Jemand, welcher den Bericht gelesen hat, in dieser Beziehung anderer Meinung sein.

Jene Bedenken, welche ich gegen die von der Regierungsvorlage beabsichtigte Einschränkung der Todesstrafe äussern musste, stehen in noch weit höherem Masse der gänzlichen Aufhebung jener Strafart entgegen. — Mit neidloser Bewunderung gratulire ich der Ausschussmajorität zu der Vertrauensseligkeit, welche die Meinung hegt, dass „heutzutage" — um mit den Worten des Berichtes zu reden — „in Oesterreich „bei dem jetzigen Stande der Gesetzgebung, der Verwaltung, „des Gefängnisswesens, die Todesstrafe nicht mehr erforderlich „ist, um die bürgerliche Gesellschaft gegen die schwersten „Ausschreitungen zu schützen."

Mit Staunen lese ich ferner, dass dieselbe Commission, welche die Todesstrafe im ordentlichen Verfahren unbedingt verwirft, sie ebenso unbedingt und unbedenklich acceptirt in allen jenen Fällen, in denen nach der Regierungs-Vorlage sie im standrechtlichen Verfahren platzgreifen soll. — Beccaria's Anschauung mit jenem drastischen Verfahren zu vereinigen, welches in Debreczins Umgegend oft zur Anwendung kommt, mag schwierig erscheinen, aber es ist der Majorität des Strafgesetzausschusses gelungen! Ich erinnere ausdrücklich daran,

dass beim standrechtlichen Verfahren die Todesstrafe nicht
nur zulässig ist, sondern die Regel bilden soll, dass sie ferner
nicht nur wegen Mord, sondern auch wegen Aufruhr, Raub,
Brandlegung, Beschädigung von Wasserwerken, Eisenbahnen
etc. etc. verhängt werden kann. Ich erinnere ferner daran,
dass nach §. 429 der jetzt geltenden Strafprocess-Ordnung,
welche Regierung und Ausschuss mit hinübergenommen haben,
wegen Aufruhrs der Bezirksvorsteher, Gerichtspräsident und
Staatsanwalt des betreffenden Bezirkes das Standrecht publi-
ciren dürfen, ich erinnere daran, dass — worauf der Ausschuss-
Bericht sich ausdrücklich etwas zu Gute thut, ein Begnadigungs-
Gesuch in diesem Verfahren nicht einmal eine aufschiebende
Wirkung hat; dass von den Rechtsmitteln des Cassations-
Verfahrens etc. natürlich bei diesen Verfahren keine Rede
ist. — Ich kann es nicht anders als inconsequent nennen,
wenn im ordentlichen Verfahren, wo alle die Rechtsmittel
dem Angeklagten zur Seite stehen, wo bis zum letzten Momente
die Begnadigung eintreten kann, und wie wir gesehen haben,
in der Mehrzahl der Fälle eintritt, wo die Gefahr ungerechtfertigter Hinrichtungen sozusagen verschwindend klein ist,
wenn, sage ich, hier die Todesstrafe gänzlich ausgeschlossen
wird, während sie im Standrecht, wo diese Gefahr weit
grösser, fortbestehen soll. Ich erinnere mich daran, dass
der letzte Fall einer Standrechtspublication im Jahre 1869 in
Dalmatien gelegentlich des Bocchesen-Aufstandes eintrat. Die
Repression des Aufstandes begann mit der Hinrichtung zweier
Männer, welche gleich tausend Andern zu den Waffen gegriffen
hatten, und die Repression endete — mit dem Frieden von
Knezlač! Ich hätte daher geglaubt, dass die Erfahrungen
dieses traurigen Jahres dazu führen würden, bei einer neuen
Codification zu einer mildernden Einschränkung der betreffenden
Bestimmung der Strafgesetz-Ordnung zu schreiten. — Allerdings
wird erfahrungsgemäss in Cisleithanien das Standrecht äusserst
selten proclamirt; wäre es aber nicht consequent gewesen,

dass Jene, welche wegen der Seltenheit der Hinrichtungen die Todesstrafe im ordentlichen Verfahren ganz aufheben wollen, welche sie hier relativ verwerflich erklären, wenigstens zu dem Schlusse gelangen, dass sie im standrechtlichen Verfahren bedeutend einzuschränken sei?

Doch ich will in Details nicht weiter eingehen; in Einzelheiten differiren Regierungs- und Ausschuss-Entwurf bedeutend und so häufig, dass ich mit diesbezüglichen Vergleichen gar nicht beginnen will. Im Ganzen sind sie, wie erwähnt, desselben Geistes Kind; ich will daher vom Ausschussentwurf nur Act genommen haben, und schliesse mit den Worten: *Dixi et salvavi animam meam!*